AF209762

Kolofon:

"Sindets Stjerner – Digte i Tiden", 37 digte
Copyright©2014 Stig Colbjørn Nielsen
Forsidefoto: Daniel Tarkan
Bagsidefotos: Stig Colbjørn Nielsen
Model: Nicole Juel søndergaard
10 Fotoillustrationer: Daniel Tarkan - Copyright©2014 Daniel Tarkan
Bogen er udgivet af "Books on Demand", København
1. udgave
ISBN: 978-87-71457-14-8

Af samme forfatter:

Skønlitteratur:

- "Astrið – Når lyset skifter", Novellecyklus 2. udgave, 2014
- "Astrið – Når lyset skifter", Novellecyklus 1. udgave, e-bog, 2013
- "Tidsskrift M agasin XXXV 2014" med Yvonne Skyttegaard Hansen
- "Stilhedens Melodi", Digte, e-bog, 2013
- "All the Stars in my Mind" Poems, e-book, 2013
- "Øjeblikkene" Digte, 2012
- "Mellemrum" Digte, 2011
- "Øjeblikkenes Melodi" Digte, 2011
- "Hov – vent et øjeblik!" Antologi ved "DigteDK.com", 2011
- "Fyldepennen.dk" - her er udgivet et større antal enkeltstående digte
- "Relationer – Fragmenterede fortællinger i digt", 2010

Faglitteratur i udvalg:

- "Den Ny Kongerække", 2009
- "Danmarkshistorien i Slangerup", 2008
- "Nordsjællandske Sommerglæder", 2005
- "FAHS Årbog 2003": Om Amiral Andreas du Plessis de Richelieu
- "Quintorp/Kvinderup – en landsby", 1976
- "Senmiddelalderlige Købstadsforhold", 1972

Foredrag, forelæsningsrækker i udvalg:

- "Trolde, nisser & folkesagn før, nu og altid"
- "Vikinger – Asatro, magt & kristendom"
- "Danmark før Danmark"
- "Møde med Rom – før, nu & aldrig"
- "Kongernes Nordsjælland før og nu"
- "Kulturgrammatik i ledelse ude og hjemme"
- "Story-telling som ledelsesværktøj"

Med forfatteren som fortællende guide til:

- Roma eller Sicilien
- Skåne eller Norge

*"Nil actum reputans,
si quid superesset agendum"*

"Pharsalia" af Lucanus, († 65 evt.)

Denne digtsamling er tilegnet ildsjælene bag dels **"Copenhagen Poetry Club"**
og dels bag lyriktidsskriftet
"M agasin XXXV"

1. digt: "**Den 5. årstid**"

Lys fornemmelse
hendes varme krop
smilende øjne
halvt tillukkede
brysternes fuldende
rundinger -

Duft af martsviol
under septembers
høje blå himmel
så blidt så blødt
så smukt -

Lyd af snefnug
i junis sommersol
kvidrende spurve
klukkende vand -

Åbne læbers møde
kærlige tungers
stille vals -

Sagte rislen
gennem kroppen
engles vinger
på vej -

Tidløshedens
dybe røde smag
står alene tilbage
kærlighedens
kys -

2. digt: *"Ordløs forløsning"*

Her sidder vi så,
med hinandens blikke
som blanke ankre
kastet i livets hav -
Får talt om det meste
fra før og om lidt
og i morgen og aldrig
ganske uden ord -
Sær kommunikation,
almindelighedernes
trygge røde parade,
lit de parade måske ?
Og så alligevel
uventet overraskende
tillige det uforudsete,
vi aldrig talte om,
måske vi ikke turde ?
Sommetider
er det enkleste
i virkeligheden
bare at tale
uden brug af ord -
Ordene forvirrer,
komplicerer,
skaber forventninger
som ikke indfries.
Vi siger ingenting,
ordløs kommunikation,
indlevet fornemmelse
udlevet følelse -
Du og jeg,
så langt fra alting
skønt midt i Verden,
kærligheds melodi
i stearinlysets skær -

3. digt: "Farvernes symfoniske harmoni"

Solnedgangen
gløder med røde vinger
fylder mine tanker ud
intenst med kraft og styrke
spænding energi lidenskab
sætter kærligheds begær
afsted mens blodet bruser
aggressivt og vildt
i mine årer -
Rød!

Stearinlysenes
gyldne skær i sommernatten
lykke forgylder glæde optimisme
med fantasien og håbets
lysende gule bedrag
jalousiens uærlighed
lurer med fejhed forræderi
advarsel til mig -
Gul!

Haven
vågner i forårets livskraft
generøst fornyet til frugtbarhed
ungdommens grønne uerfarenhed
kommer tilbage med misundelse
ulykke truer -
Grøn!

Morgenens
vilde orange energi
vitaliteten på eksplosionens rand
et glimt af efterår i varmen
begejstring -
Orange!

Et strejf
af dirrende lilla mystik
i solopgangens sarte lys
transformerer nu nat til dag
visdom på vej -
Lilla!

Daggry
gråt diset beskedent
melankoliens modne tåger
glider værdigt over markerne
tanker modnes -
Grå!

Himlen
atter uendelig blå
harmoni og balance
gøder freden og roen
selvsikkerheden kommer
med sandhed og tillid
manden favner kvinden
i udødelig sikkerhed
vandet køler -
Blå!

Jorden
derude blød brun
så enkel så stabil
et hjem for træer
naturens ildsted
udholdende
efterår -
Brun!

Sneen
jomfruelig uskyldighed
ydmyghed og intethed
mødes i ro og ærbødighed
dækker med sin godhed
den kolde sterilitet
samhørighed ægteskab
fødsel på vej -
Hvid!

Døden
med sin frygtelige kraft
ulykkers følge trist vrede
formelt sorg og ondskab
sofistikeret dyb elegance
underjordisk anonymitet
anger -
Sort!

4. digt: *"Tvivlen"*

Hvor
finder jeg
min elskede i øjeblikket?
Hvordan
finder jeg
min elskede i øjeblikket?
Hvornår
finder jeg
min elskede i øjeblikket?
Kan
jeg finde
min elskede i øjeblikket?
Skal
jeg finde
min elskede i øjeblikket?
Vælger
jeg alene
min elskede i øjeblikket?
Vælges
jeg af
min elskede i øjeblikket?
Elskes
vi af
vor elskede i øjeblikket?
Tvivler
vi på
vor elskede i øjeblikket?
Hvordan
holder vi
vor elskede i øjeblikket?
Hvorledes
slipper vi
vor elskede i øjeblikket?
Rækker
vi hånden til
vor elskede i øjeblikket?
Evner
vi sammen at
være elskende i øjeblikket?

5. digt: *"Fjeldvinden"*

-

så
tæt på
Himlens blå
hvide skyers
hvileløse vej

-

engles vinger løfter
mine tunge tankers flugt
frit nu mødes vore sjæle
bag vide horisonters grænser

-

tabte tider tid tidløshed tidstab

-

fjeldvindens bløde sensommerkys
bærer duften af kærlighed
med sig over brusende
bækkes friske strømme

-

tænder stjernerne
i nætterne
giver os
gyldent
lys

-

6. digt: *"Lysglimt"*

Lysglimt
vand bølger
stjerner i nat alene
lyde sprøde skår
klare dråbers ring
skyller rislende i land
sfærernes musik -

sjæle flyver frit
forsvinder glider sammen
flyder med vandet -

blide blikkes lys
tænder morgenrødens bål
livets gyldne sang
kærlighedens løfte
på sommerfugles vinger
vore drømme
håb -

7. digt: "Skæbnens Engle"

Imellem skæbnen
og tilfældene
står englene vagt;

fremmede tyste
undseelige
gæster i mit liv;

blikke så dybe
vinger så hvide
tanker ophører;

englene flyder
igennem rummet
åbner sjælens skjul;

løfter låget af
Pandoras æske
jeg gemte så godt;

ud flyver vildskab
utænkte tanker
dybeste længsler;

hvilken lettelse
lyset tilbage
livet begynder;

englene gav mig
kærlighedshåbet
i sommerens nat;

du er derude
jeg ved det sikkert
vi mødes igen -

8. digt: *"I sindets brænding"*

Sort
mørke
driver ind
sindets brænding
bruser i min sjæl
natten stjerneløs kold
tonerne flygter her fra
-
gyldne tankers varme lys
vandrer langsomt stille
ad erindrings sti
fra mig til dig
borte nu
dine
kys

9. digt: *"På hvide engles vinger"*

Stille svæver tankerne
favner sjælens vemod
håbets lys
med lydene
fra tiden
før nu
blå

-

hvid
som den
dalende
engels vinger
falder uskylden
fra mine øjnes glans
former farver livets lys

10. digt: *"Mit hvide vemods Verden"*

Stadig falder sneen **derude**
ubegribeligt antal snefnug
tager min Verden fra mig
farver, konturer, lugte, lyde
den hvide skønhed ser jeg
kold, utilnærmelig, vild -
Jeg kan høre **sneen**
den uendelige stilhed.
Jeg kan lugte sneen
duftenes tomme fravær.
Jeg kan føle sneen
i kuldens ufølsomhed.
En ubrudt flade af **hvidt**
lægges over virkeligheden
som et lys uden skygger.
Denne åndløse længsel
med sin endeløse tomhed
lukker mine tanker ned
i sindets aflåste boks -
Sneen forhindrer **min færd**
den evindelige pendling
mellem depressiv sløvhed
og overvældende begær
efter det ufattelig meget
jeg slet ikke ved, hvad er -
Nu ved jeg **med sikkerhed**,
melankoliens farve er hvid.
Hvid er slet ingen farve,
melankolien kan ikke ses.
Den kokette **pessimisme**
og min sorteste ironi
i mit hvide vemods Verden
kræver sit eget tøbrud
for igen at beskytte mig
mod Verdens virkelighed,
min følelse af udvalgthed -

11. digt: *"Vemods mørke"*

Hvad kan jeg så nu?
Drømme smukt om dig
lade dig forsvinde
i vemods mørke

-

og savne dig vildt?

-

De tomme nætter
så stille så blå
følelseskolde
sjæleforladte

-

uendelige.

-

Dit intense blik
åbnede sindet
lukkede lyset
ind i tankerne

-

genskabte livet.

-

Dine hænders ro
varmede min hud
hjertet svulmede
gav os dybe kys

-

kærligheden selv.

-

12. digt: *"Uigenkaldeligt"*

Nu
stirrer
ind i mørket
rungende tomhed
bag de levende lys
varme gyldne stille skær
-
nedbrudte udbrændte væk
vore levede liv
øjeblikkene
frosset i tid
brændingen
bruser
koldt.

13. digt: *"Skæbnens Engle"*

Imellem skæbnen
og tilfældene
står englene vagt;

fremmede tyste
undseelige
gæster i mit liv;

blikke så dybe
vinger så hvide
tanker ophører;

englene flyder
igennem rummet
åbner sjælens skjul;

løfter låget af
Pandoras æske
jeg gemte så godt;

ud flyver vildskab
utænkte tanker
dybeste længsler;

hvilken lettelse
lyset tilbage
livet begynder;

englene gav mig
kærlighedshåbet
i sommerens nat;

du er derude
jeg ved det sikkert
vi mødes igen -

14. digt: *"Fra Gabriels obo"*

himlens høje blå bue
blidt bøjer blindt begær
begyndelse begyndelse be-
høver blånende bjerge
holder bedst blikkene bundet -

vildt voldsomt vælder vemod
blodet buldrer banker
bristede sjæle stille stiger
opløser ophæver ondt
længslerne lammer livet -

fuglene
flyver
fjerne
fjeldegne -

flettede fingre former
landskaber livsløfter løgn
efterår efter efterår er
stjerneskær silkenat
måneløs lydløs lykke -

kærligt krammer kroppene
brusende brusende bæk-
ke klare kølige krævende
Morricones musik
verden venter vi vender -

15. digt: *"Kys & Ord"*

Ord
kan være skarpe
klinger af stål
i sjælen -

Ord
kan være bløde
musik så blid
som drømme -

Kys
kan være søde
aldrig falske
kærlighed -

Ord
og kys kan være
det vi savner
længslens bud -

Kys
og ord kan være
livets løfte
trygt og varmt -

Kys
og ord mellem os
kan standse tid
give håb -

16. digt: *"Ad sjælenes bro"*

Hvad kan jeg så nu?
Drømme smukt om dig
lade dig forsvinde
i vemods mørke
og savne dig vildt?
De tomme nætter
så stille og blå
følelseskolde
sjæleforladte
uendelige.

Dit intense blik
åbnede sindet
lukkede lyset
ind i tankerne
genskabte livet.

Dine hænders ro
varmede min hud
hjertet svulmede
gav os dybe kys
troen på glæden.

Hvor er du henne?
Uventet kom du
ind i min Verden;
hvad overså jeg?
Nu er du borte!

Jeg kan dække dig
med Paradisets
skønneste blomster,
sfærernes musik
skal jeg hente dig.
Med stjernernes lys
sender jeg til dig
mit hjertes tanker
vore drømmes håb
ad sjælenes bro.

17. digt: *"Kom!"*

Fandt vi alene
den bløde seng
aldrig ville jeg
afslå din gunst
dine varme kys
dig favner jeg
med min krop
min sjæl
jeg bliver din
som vi bliver os -

18. digt: "Mørkets Land"

Landskabet
åbner sig
måneskin
stjernestøv.

Forundret
ser jeg nu
skyggerne
flyde frem.

Levende
truende
suger de
mig til sig.

Mørkets land
stilheden
lokkende
balance.

Ensomhed
og længsel
efter det
ukendte.

Fornuften
lukker ned
tankerne
flyver frit.

Drømmene
stiger frem
fylder ud
sjælens sår.

Stjernerne
kalder mig
nu til sig
derude.

Lydene
fra smukke
stjerners lys
harmoni.

Morgengry
gult og rødt
fører mig
tilbage.

Vågner op
til dagen
med vemod
i kroppen.

19. digt: *"Nattens mare rider"*

Månen
på min frostklare
nattehimmel
forstyrrer
mine stjernes ro -

Længslen
efter at ligge
sammen med dig
i stilhed
og fordybelse -

Roen
vi bringer med os
savner jeg nu
musikken
i natten borte -

Tiden
står stille for mig
morgenens lys
maler nu
hele Verden rød -

Hjertet
banker forgæves
mit hede blod
i kroppen
tankerne ophørt -

Kysset
vågner ved dit kys
livet kommer
tilbage
med glæde og håb -

20. digt: *"Sangen til håbet"*

Tanken,
ja, tanken om dig
som os -
fylder
mig, sammen med dig.

Glæden,
ja, glæden er her
lyser -
råder
os, drømmer med dig.

Lykken,
ja, lykken svæver
svinder -
langsomt
bort, hver gang du går.

Vemod,
ja, vemod er det
sidste -
rammer
hårdt, konvention.

Giv os,
ja, giv os lidt mod
styrken -
bryder
ned, alle grænser.

Eva,
ja, ja din Adam her
længes -
ensom
nu, ligger stille.

***Vi to**,*
ja, vi to er et
altid -
alting
sker, med håbets skær.

***Sammen**,*
ja, sammen er vi
drømmen -
livet
går, sin skæve gang.

21. digt: *"Hvem?"*

Hvem
er jeg mon,
der frit nyder
nætternes
blide bløde
mørke?

Hvem
deler jeg med,
når skærende
sollys svækker
sjælens syn
på livet?

Hvem
er du mon,
der forstår
stjernernes
nødvendighed
for tanken?

Hvem
er vi to
i tid og rum,
når lys og mørke
forener sig
i dig og mig?

22. digt: *"Forbi!"*

Fremmed er byen
natten svøber sig
om huse og sjæle
tågen brydes
af bilernes lygter -

Regnvåde gader
genskin fra ruder
oplyste og fjerne
lige her foran mig -

Jeg falder ned tungt
i caféens bløde stole,
drikker min kaffe;
tænker over hvorfor,
hvert hus er som vand
i strandkantens sand -

Videre, jeg skal videre
om lidt eller senere
mod ukendte mål
i den klamme nat -

Når alt går godt,
så ved jeg det ikke;
Når alt går galt,
så ved jeg det hele -

Jeg forstår dig ikke,
hvorfor du uden ord
kastede vore år sammen
fra dig uden videre -

Mine tanker tømmes
for indhold og drømme,
Forgæves forsøger jeg
at fange gyldne glimt af os -

Hvor er mit hjerte?
Tømt for varme og glæde
alt det blide og smukke
du bragte med til os -

Pludselig lys i øst
langsomt breder det sig
over tingene omkring mig,
Åh, jeg græder indvendigt
over dine rosers torne,
ligegyldighedens
utilnærmelighed -

23. digt: *"Begærets frugt"*

To æbler fra haven
bringer jeg med mig,
et til os hver om lidt.

Udvalgt med omhu
og kærlige tanker
friske sprøde søde
perfekte, fuldendte!

Skønt jeg er Adam,
byder jeg dig Eva
det blankeste æble.

Slangen er i brystet
brændende længsel
tier forventningsfuld.

Kolde konventioner
kan knuse kærlighed,
kærlighed kan knuse
kolde konfrontationer.

Dine klare øjnes glans
læbernes blide smil
fra din aller første bid,
dit duftende lange hår,
Solen falder på dit bryst.

Også jeg smager nu
med nydelsens musik
smiler med drømme.
To sprøde, saftige
røde sommeræbler
brydes helt synkront.

Frit frem flyder
imellem os begge
begær og passion.

Vore blikke
får sjælene fri,

Rummet svæver
tiderne går i stå
kyssene smager
så sødt og smukt
som sommerens
rødeste æbler.

Vi to,
Adam og Eva
forenet fornyet
i begærets frugt
tidløsheden selv,
slangen midlertidigt
udelukket fra haven.

24. digt: **"Intet"**

Kun i denne by
med natten, der går
ligesom en bil med sine forlygter ud i tågen
Jeg drikker mere kaffe
mens jeg tænker over, hvorfor
hvert hus er som vand i sandet

Jeg kender ikke
hvis alt går vel, hvordan det går
Jeg kender ikke

Jeg finder det absurd, at du
uden begrundelse på
du kastede disse år
på et tidspunkt

Jeg prøver at samle mine brikker
ved ikke længere, hvor mit hjerte er
måske var det med alt,
du bragte med mig

Pludselig lys i øst
flydende breder sig på de ting omkring mig
Jeg finder mig selv grædende
af torne omkring dine roser
på vores roser

25. digt: "Det, jeg er - "

Stilhedens
blå højtidelighed,
stjernehimmelens
lyse uendelighed.

Sjælenes
kolde ensomhed,
storhedens overvældende
kraft gennemlevet
under stjernerne.

Tankernes
vilde vinger
løfter mig derud,
ingen vej tilbage.

Nattemørkets
sorte evighed,
det indre øjes lys,
personligheden
genskabt i stjerner.

Indsigtens
tvivl bortvejret.

Æstetikken,
det jeg er;
etikken,
vejen dertil.

Storheden
fylder sindet
med at være
sig selv -

26. digt: "Intethed"

Stilhed - *jeg hører* **stilheden**!

Dug - *jeg dufter* **duggen**!

Lys - *jeg står i* **lyset**!

Stilhed, *stille, stille* – **Tidløsheden**!

Dug, *dis, drivende - determineret* **drøm**!

Lys, *liv, livgivende - legende* **lethed**!

Morgen - *jeg fornemmer* **livet**!

Musik - *stilhed med* **fuglesang**!

Mulighed - *jeg har* **muligheder**!

Kølighed - *jeg føler* **kulden**!

Skjorte - *op jeg knapper* **skjorten**!

Hjerte - *hjerteblodets* **varme**!

Tanke – *på dig jeg* **tænker**!

Længsel – *efter os jeg* **længes**!

Tomhed - *sindet tømt for* **kærlighed**!

Håb - *jeg er* **håbløshed**!

Tro - *jeg er* **troløshed**!

Intet - *jeg er intethed*!

27. digt: *"Øjeblikkenes grammatik"*

Mødtes vi,
om blot af og til,
det ville være
tilfældighedernes
gyldne modsætning.

Det måtte
være sådan.
Før dette øjeblik
var alting uforstyrret,
afbalanceret
konstitueret
i førnutids form
fylde og fornuft.

Øjeblikket
er den simple
væren på ubestemt
forudbestemt
tid i det uplanlagte
tilstræbte blancepunkt
oplyst i et nanosekunds
guddommelige indsigt,
livet er liv.

Derfor kan vi
ikke passere
hinanden på
et øjebliks rejse;
vi mødes
i øjeblikkets evighed.
Tanken, intuitionen
Kan ikke kende
til tid og tider.

Efter
øjeblikket
ligger uvisheden,
frygten og uroen
alt det ukendte.

Vi ved ikke,
hvornår øjeblikket
slutter, slår over
i sin modsætning,
førfremtid eskalerer
til forpligtende
nutid inden
fremtiden
om lidt.

Efter nutid
følger både
alting og ingenting
hinanden
i forudsete
rustne kæder
uden led og lyd.

28. digt: *"Den uudslukkelige"*

På den gule glatte aftenhimmel
tegner tagenes sorte skorstenstårne
følsomme figurlandskaber fjernt
bundet sammen af truende antenner,

inde i stuen daler kakkelovns-
varmen bedøvende sløvende ned
fra loftet mens Carl Nielsens femte
marcherer langs væggenes hvide flader,

tanker ude af takt og med fejlfar-
ver kryber rundt langs fodlisters
fint forudsigelige fremfø-
ring for at forme fragtale figurer,

skumringslysets stilhed siver siver
i ulige kampe mod tonernes
voldsomme voldsomme voldsomme enkle
foranderlige færden og forsvinder

dryppende dystert i dagligdags dun-
kelhed dunkende tonernes farver og aften-
stjerners afmagt i tagrenders tristhed
og fortæller om fryd og forandring

i fremgang og ikke om fortidig frem-
tid; men kun om uudslukkelig tro på for-
andringers nutidige fremtid og fornuf-
tens uudtømmelige skatkammer

i fantasiens fantastiske hav af
utæmmelige utænkte utrolige tanker
gamle gamle gamle gamle nyskabte
tanker opstår som ubrugte tider -

29. digt: *"Under det sollyse løv"*

Under det sollyse løv
glider jeg stille ind
i mine øjeblikkes
dybe labyrint -

Under det sollyse løv
en ny begyndelse
løfter skyggens silhuet
uendelig let -

Under det sollyse løv
får tankerne vinger
glider bort kommer igen
fra evigheden -

Under det sollyse løv
jeg undrer mig over
sjælenes særegne liv
i tidløsheden -

Under det sollyse løv
tiden eksisterer
alene som bortglemte
glimt af det skønne -

Under det sollyse løv
jeg finder vejene
tilbage til glemselen
fra det jeg husker -

Under det sollyse løv
mit efterår bliver
forårets glimtende lys
løfter om glæder -

Under det sollyse løv
kærlighedens stier
dukker op som stjerner
på junis himmel -

30. digt: *"Dagens sidste blå time"*

Stilheden siver ind
ad sprækker og revner
som nattens højvande
fylder stuen op og ud.

Vi sidder stille sammen,
i den bløde brune sofa
og dagens blide blå time
lader lyset leve længe.

Får talt om det meste
fra før og fra om lidt
og i morgen og altid
ganske uden ordene.

Sær kommunikation,
almindelighedernes
trygge endeløse parade,
lit de parade måske?

Alligevel ikke sådan,
det uventede kommer,
det, vi aldrig talte om,
det, vi ikke turde høre.

Sommetider og igen
det enkle, det sande
er blot ordenes tale
helt uden brug af ord.

Ordene forvirrer,
kommer kompliceret
fragmenterer, forstyrrer
skaber forventninger

Vi siger ingenting,
vi er, vi fornemmer
hinanden og livet
ordløs kommunikation.

En indlevet følelse
udlevet fornemmelse.
Du og jeg som det vi,
der er så langt fra alting.

Alligevel midt i Verden,
med flettede fingre
og brændende blikke
i dagens sidste blå time.

31. digt: *"Kærlighedserklæring"*

Jeg ser stjernerne
tænde dine blå drømme
tanker i natten -
Lægger mig roligt
fornemmer din varme hud
øjeblikket smukt -
Du vågner stille
med kærlighed elsker vi
tager dig til mig -
Nætterne med dig
omkring os er søvnens hav
ukendte kyster -
Mit hjerte våger
i den hvide tidløshed
med svalernes flugt -
Dit kys favner mig
blæsten er i træerne
sjælene flyver -
Ordene kommer
som det glemte åndedræt
ligegyldige -
Du og jeg er et
som det samme kød og ånd
dog kvinde og mand -
Morgenens grå lys
tager nattens liv med sig
dagen begynder -
Øjeblikkene
opløst i virkelighed
en ny nat på vej -

32. *digt:* **"Min aftens blues - "**

Blå blid
stille aften
tanker svæver -

Sære skæve
som skyer
ud af mit vindue
ind i morgenes
forunderlighed –

Fulde af grå
glatte og glemte
forventninger -

I morgen
bliver sikkert
alt det meget
dagen i dag
skulle have
været i går,
da dagen endnu
var i morgen –

En dejlig dag
vældige planer -

Tager dig
i mine arme
glædes over os
fredelig verden –

Tid til hinanden
andre og andet.

Imellem nu
og i morgen
er tankerne fugle
frie flyvende
på træk til nye
gammelkendte
Verdener -

De tabte slag
kan aldrig ses –

Er svævet
bort og væk
i aftenens
stille blues –

Dagens nederlag
bliver sejre
vundet nu -

I morgens
urolige utrolige
muligheder
alle vægtløse
fritsvævende
i denne times
bløde usynlighed
usandsynlighed -

Alligevel
virkeligheds krav
pligter og skyld
er sommerlyn
fra svævende
tankers tunge
tågede skyer -

Flammer ned
varsler ragnarok
vinduet smækker i -

Verden igen
delt ind
i sine sirlige
firkanter –

Strimer på ruders
duggede glas
tanker på flugt
fra trusler om
dagen i morgen -

33. digt: *"Til dig!"*

Måske
dit sind,
din sjæl,
samler skjulte
skader,
sår -

Måske
mit sind,
min sjæl,
heler,
det -

Dine mørke,
dine lyse
øjeblikke,
kender jeg
kun glimtvis -

Smil,
øjnenes glans
din varme
din hud;
Ja,
åh ja -

Du nærer
en uro,
glæde
i mig,
livet -

Du
standser
mit legeme
dets søgen
i hvile -

Genskaber
*Gudbenådet
livskvalitet,
livskraft,
liv -*

Dine kys
*de usynlige
bløde bånd
fra en nat
fra en dag
fra nu -*

En tid, *
fremtid,
kun vi
kan afkode
sammen -*

Bag
*øjeblikkenes
konturer
kærlighed -*

34. digt: *"Forening"*

*- åh, dit blide bløde sind,
så uskyldsrent og skært
trods slag og ar og år -*

*- er ganske vokset ind i mit,
og deler sjælens lyse bo
med tunge tankers liv -*

*- åh, hvor mine tanker dog,
på ny kan flyve frit omkring
på sangens gyldne klang -*

*- mit frosne hjerte tør op,
i mig bruser det røde blod
så kraftfuldt og kærligt -*

*- ingenting frygter jeg nu,
du har ramt mit væsens rod
med skønhed og varme -*

*- vi er hver for sig og os,
ganske uadskillelige
trods slag og ar og år -*

35. digt: *"Vi gik vild af hinanden - "*

Vi gik fejl af hinanden,
gav fortabt og blev borte,
skibe på det blå ocean -
::Vi gik vild, vi gik vild af hinanden::
::Vi gik vild på det blå ocean::

Stjernernes skælven
ramte os i hjertet
som Laurentii tårer -
::Vi gik vild, vi gik vild af hinanden::
::Vi gik vild under stjernerne::

Solen gik ned i sin sky,
Månen lyste ihærdigt
for at udviske skyggerne -
::Vi gik vild, vi gik vild af hinanden::
::Vi gik vild i skyggernes land::

Vore navne indridset
i de gamle eges bark,
vi glemte, hvilken skov det var -
::Vi gik vild, vi gik vild af hinanden::
::Vi gik vild i mørke skove::

Jeg venter i vandkanten,
dit blik følger fuglene
vi er i hver vor grå Verden -
::Vi gik vild, vi gik vild af hinanden::
::Vi gik vild i en Verden grå::

Vore tanker søger sammen
i fraværets blå vemod
og erindringernes elskov -
::Vi gik vild, vi gik vild af hinanden::
::Vi gik vild i erindringer::

Vore skygger forenes,
jeg har dig i armene,
og du har mig i tankerne -
::Vi gik vild, vi gik vild af hinanden::
::Vi gik vild i vore tanker::

Vi gik vild af hinanden,
midt i længslen, ligger nu
som skibe langs drømmenes kaj -
::Vi gik vild, vi gik vild af hinanden::
::Vi gik vild i vore længsler::

Musik: Bas-saxofon!

36. *digt:* **"Frihedens begrænsning i eksistensen"**

Det,
der kommer,
det,
der er på vej,
det,
der vil hænde,
det,
er det,
der ikke er sket.

Det,
der er sket,
det
var nødvendigt.

Det,
der ikke er sket,
det
er nødvendigt.

Det,
der skete,
det
blev ikke nødvendigt
ved at ske.

Det
skete viste,
det
ikke var nødvendigt.

Hvis
det skete
det
havde været
nødvendigt,
ville
det,
der ikke skete
have været
nødvendigt.

Hvis
det,
der skal ske
er nødvendigt,
så
er friheden ikke
nødvendig.

Hvis
det,
der sker
ikke er nødvendigt,
så
er friheden
nødvendig.

37. digt: *"Sangen i mit hjerte"*

Spejlbilledet lyste
som selve fuldmånen
glimtede som sølv
i vandpyttens ocean.

Stjernehimmelen
blinkede i nattens
fløjlsbløde mørke,
græsset duftede.

Ganske forsigtigt
trådte hun et skridt
ud i det lave vand,
vandet veg tilside.

Endnu et lille skridt
vandet veg tilside,
hvor fødderne trådte,
forblev alt fast og tørt.

Skuffelsens smil
stod klart at læse
i det smukke ansigt,
vemod var i øjnene.

Det lange dybe suk
bredte sig i natten
alting blev så stille,
hvorfor stod hun her?

Med tørre fødder
i vandpyttens hav
stod hun netop her
lysende levende.

Øjeblikkets engel
løftede langsomt
sine hvide vinger,
mørket lukkede sig.

Alting og ingenting
var som før og aldrig,
det englen ville sige,
blev sangen i mit hjerte.

"Hvad ei med Ord kan nævnes
I det rigeste Sprog
Det Uudsigelige,
Skal Digtet røbe dog"

J. S. Welhavens, "Nyere Digte", 1845